THAÏS
Thaïs

Chevaux et poneys

Pour Lola Tralala.
M.

À ma chère Momo
et son amour inconditionnel des chevaux.
M. R.

www.editions.flammarion.com

Conception graphique et mise en pages : Flammarion et Marie Pécastaing

Éditions Flammarion – 87, quai Panhard-et-Levassor – 75647 Paris Cedex 13
ISBN : 978-2-0813-7067-8 – N° d'édition : L.01EJEN001273.N001
Dépôt légal : mars 2016
Imprimé en France par Pollina S. A. - L74750 – février 2016
Loi n° 49-956 du 16 juillet 1949 sur les publications destinées à la jeunesse.

Chevaux et poneys

Texte de
Magdalena

Illustrations
de **Mélanie Roubineau**

Castor Poche

Dans l’écurie, c’est le grand jour.
Après onze mois d’attente,
la jument donne naissance à un poulain.
Le vétérinaire et l’éleveur sont là.
Ils regardent si tout se passe bien.

La jument lèche son petit pour le laver
et le rassurer.
Très vite, le poulain se met sur ses pattes
et tète sa mère.

Dès le début, le poulain gambade
derrière la jument.
Pendant les six premiers mois,
il la suit partout, il ne faut pas les séparer.

Le palefrenier prend bien soin des chevaux.
Chaque jour, il fait la toilette du poulain
et il change sa litière.

Dans son box, le poulain boit beaucoup.
Il mange aussi du foin et des céréales,
comme l'orge et l'avoine.
Il adore les carottes et les pommes.
Il grandit pour devenir un bel étalon.

Dans le pré, le poulain retrouve les poneys
et les chevaux.
Il gambade, broute l'herbe fraîche
et s'amuse avec les autres poulains.

Quand il est fatigué, le poulain s'allonge pour dormir.
Les chevaux préfèrent somnoler debout.
Toujours aux aguets, ils sont prêts à fuir en cas de danger.

Au bout du pré, on entend
le dresseur ordonner :
« Au pas ! Au trot ! Au galop ! »
Le poulain voit les jeunes chevaux
être dressés sous son nez.

Il observe aussi les enfants
qui apprennent à monter à cheval.
Sur leur poney, ils font un tour du manège
et ils recommencent.

Au loin, le poulain regarde les chevaux
et leurs cavaliers : ils s’entraînent
à sauter les obstacles sans tomber.

Que deviendra le poulain quand il sera grand ?
Un cheval de course qui saute les obstacles ?
Un cheval de cirque dressé pour le spectacle ?
Un cheval de compagnie ?
En attendant, le poulain peut encore
brouter l'herbe tranquillement.

Qui est le cheval ?

Le cheval est un animal de la famille des **équidés**, comme l'âne ou le zèbre.
C'est un **mammifère herbivore** : il ne mange que des végétaux.
Le **poney** est un cheval de petite taille : il mesure moins de 1 m 50 au garrot.
Le cheval n'aime pas la solitude, il préfère vivre en **groupe**. Il communique en remuant les oreilles, la queue ou tout son corps. Quand cela ne suffit pas, il souffle ou pousse son cri, le **hennissement**.

À quoi ressemble un cheval ?

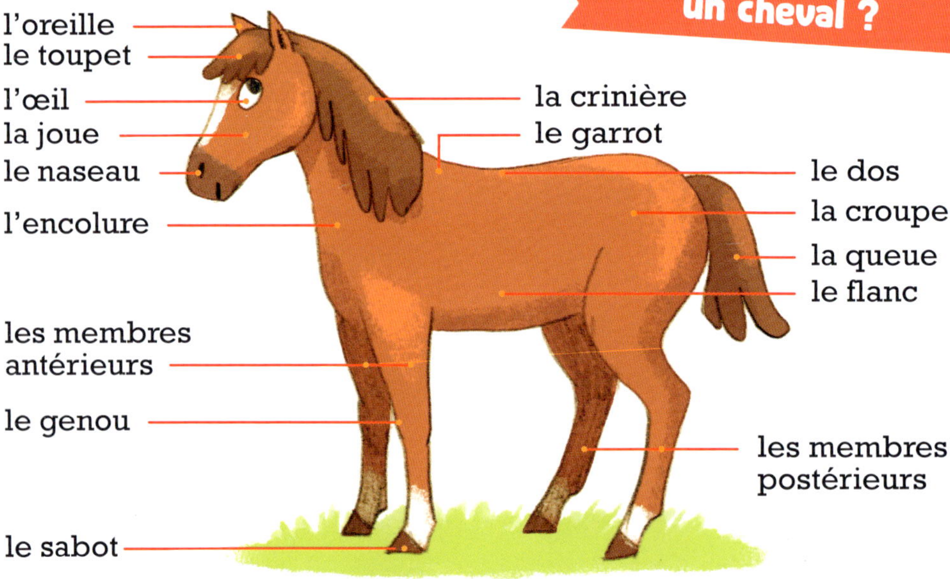

Les races de chevaux

Le cheval a des poils courts et sa **robe**, c'est-à-dire la couleur de son pelage et de ses crins, varie selon sa race. Il y a plus de **200 races de chevaux**.

Les **chevaux de trait**, comme le **percheron** et le **shire**, sont solides et trapus : ils peuvent tirer des chargements lourds.

Les **chevaux de selle**, comme le **selle français**, le **pur-sang anglais** ou l'**appaloosa**, ont de longues jambes, idéales pour les courses.

Certains chevaux, comme ceux de **Camargue en France** ou les **mustangs d'Amérique**, vivent en liberté et ont peu de contact avec l'homme.

Parmi les **poneys**, le plus connu est le **shetland**. Il est la monture préférée des enfants.

Monter à cheval

Cela demande de porter une tenue adaptée et de suivre des règles apprises pendant les leçons d'**équitation**. Il faut parler doucement au cheval, s'approcher toujours par-devant et le caresser pour le rassurer. Le **cavalier** monte par la gauche du cheval. Il s'aide des **étriers** pour se hisser sur son dos et s'asseoir bien droit sur la **selle**.
Tous les jours, il faut faire la toilette de son cheval, c'est le **pansage**.
On passe l'**étrille** pour décoller la terre séchée.
On utilise ensuite le **bouchon**, une brosse dure, pour ôter la poussière. On passe une **brosse douce** pour faire briller ses poils, et on **peigne** sa crinière et sa queue. Enfin, on nettoie les sabots avec un **cure-pied**.

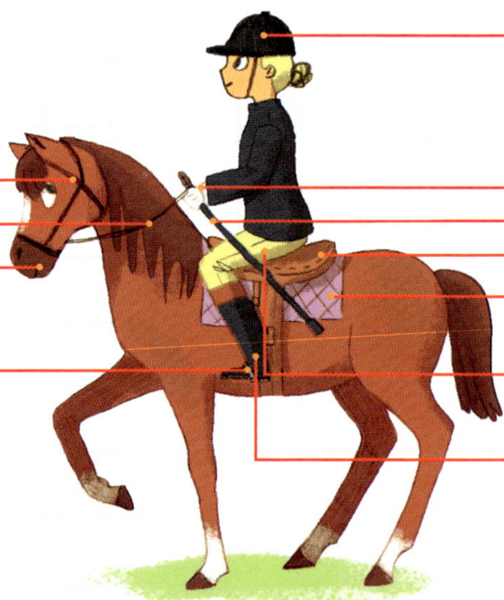

Les métiers du cheval

L'éleveur est le propriétaire des chevaux.

Le palefrenier veille au bien-être des chevaux : il les nourrit, les panse et nettoie les box.

Le maréchal-ferrant pose les fers, pour protéger les sabots des chevaux.

Le dresseur dresse les chevaux, et leur apprend des figures.

Le vétérinaire est le docteur des chevaux, il s'occupe de leur santé.

Le moniteur donne les leçons d'équitation.

Le jockey monte à cheval lors des courses hippiques.

Chevaux extraordinaires

La mythologie grecque regorge d'animaux extraordinaires, comme Pégase, un cheval blanc avec des ailes. Mais on y trouve aussi les centaures, des créatures mi-homme, mi-cheval.

La licorne, cheval avec une corne magique, est une autre créature de légende. De même que le sagittaire, qui est le signe astrologique de ceux nés entre le 22 novembre et le 20 décembre.

Dans la réalité, les croisements de chevaux avec d'autres espèces donnent naissance à de vraies créatures appelées hybrides ! Une ânesse et un étalon donneront naissance à un bardot, un âne et une jument à un mulet, une jument et un zèbre à un zébrule.

Mais aucun hybride ne peut avoir de petits ! En revanche, le cheval et le poney, qui font partie de la même espèce, donneront naissance à un poulain, qui pourra lui aussi avoir des petits.

Les docs du CP

Explore tes thématiques préférées avec ces documentaires spécialement adaptés au niveau de lecture du CP.

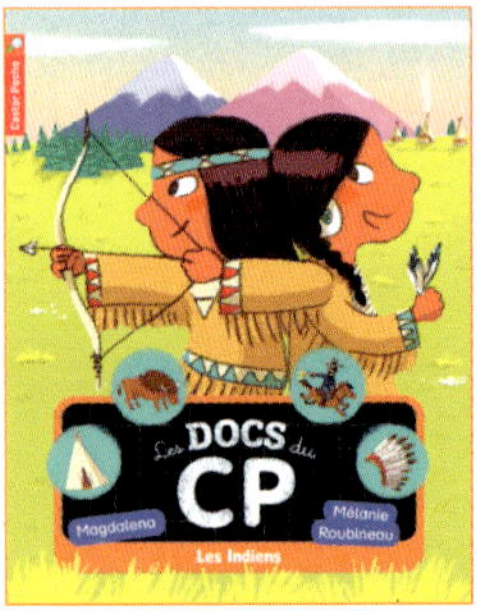

À DÉCOUVRIR

Je suis en CP

Des histoires pour t'accompagner tout au long de l'année !

3 niveaux de lecture correspondant aux grandes étapes d'apprentissage, de la lecture accompagnée à la lecture autonome.

C'est la rentrée !

NIVEAU 1

Le bras cassé

NIVEAU 2

La classe de mer

NIVEAU 3

Les contes du CP

Retrouve tes contes classiques préférés adaptés au niveau de lecture du CP.

Boucle d'or et les trois ours

Le loup et les sept chevreaux